101 LIÇÕES DO AMOR de Deus

PAIVA NETTO

101 LIÇÕES DO AMOR de Deus

Reunido e organizado pela Academia
Jesus, o Cristo Ecumênico, o Divino Estadista

"Deus é Amor, e aquele que permanece no Amor permanece em Deus, e Deus, nele." (Primeira Epístola de João, 4:16)

ELEVAÇÃO

Produção editorial e revisão: *Equipe Elevação*
Impressão: *Mundial Gráfica*
Capa e projeto gráfico: *Helen Winkler*
Fotos: *shutterstock.com*

A primeira edição desta obra foi publicada em junho de 2025.

Depósito legal na Biblioteca Nacional conforme
Decreto nº 1.825, de 20 de dezembro de 1907.

Dados Internacionais de Catalogação na Publicação (CIP)
(Câmara Brasileira do Livro, SP, Brasil)

P147c

Paiva Netto, José de, 1941-

101 Lições do Amor de Deus / Paiva Netto, José de.; Organização: Academia Jesus, o Cristo Ecumênico, o Divino Estadista — 1ª ed. — São Paulo : Editora Elevação, 2025. 256. p. : 12 x 16,5

(Coleção "Paiva Netto: Reflexões e Pensamentos")

ISBN 978-65-85860-15-4

1. **Quarta Revelação.** 2. Bíblia Sagrada. 3. Espiritualidade. 4. Profecias. 5. Fé. 6. Lições de Vida. 7. Evangelho e Apocalipse de Jesus. I. Título II. Academia Jesus, o Cristo Ecumênico, o Divino Estadista

CDD-231

Índices para catálogo sistemático:

1. Teologia sobre Deus: 231

Rua Doraci, 2-A, sala 103, Bom Retiro, São Paulo/SP
CEP 01134-050 – Tel.: (11) 3224-2963 – www.elevacao.com.br

SUMÁRIO

TRATADO DO NOVO MANDAMENTO DE JESUS

A Espiritualmente Revolucionária Ordem Suprema do Divino Mestre representa o diferencial da Religião de Deus, do Cristo e do Espírito Santo[1] e é a base de todas as suas ações de promoção espiritual, social e humana, pela força do Amor Fraterno, por Ele trazido ao mundo.

Ensinou Jesus, o Cristo Ecumênico, o Divino Estadista: *"13:34 Novo Mandamento vos dou: amai-vos como Eu vos amei. 13:35 Somente assim podereis ser reconhecidos como meus discípulos, se tiverdes o mesmo Amor uns pelos outros.*

15:7 Se permanecerdes em mim e as minhas pala-
vras em vós permanecerem, pedi o que quiserdes, e
vos será concedido. 15:8 A glória de meu Pai está em
que deis muito fruto; e assim sereis meus discípulos.
15:10 Se guardardes os meus mandamentos,
permanecereis no meu Amor; assim como tenho
guardado os mandamentos de meu Pai e perma-
neço no Seu Amor.

15:11 Tenho-vos dito estas coisas a fim de que a
minha alegria esteja em vós e a vossa alegria seja
completa.

15:12 O meu Mandamento é este: que vos ameis
como Eu vos tenho amado. 15:13 Não há maior
Amor do que doar a própria vida pelos seus ami-
gos. 15:14 E vós sereis meus amigos se fizerdes o que
Eu vos mando. 15:17 E Eu vos mando isto: amai-
-vos como Eu vos amei.

15:15 Já não mais vos chamo servos, porque o
servo não sabe o que faz o seu senhor; mas te-
nho-vos chamado amigos, porque tudo quanto
aprendi com meu Pai vos tenho dado a conhecer.

15:16 Não fostes vós que me escolhestes; pelo contrário, fui Eu que vos escolhi e vos designei para que vades e deis bons frutos, de modo que o vosso fruto permaneça, a fim de que tudo quanto pedirdes ao Pai em meu nome Ele vos conceda.

15:17 E isto Eu vos mando: que vos ameis como Eu vos tenho amado. 15:9 Porquanto, da mesma forma como o Pai me ama, Eu também vos amo. Permanecei no meu Amor".

(Tratado do Novo Mandamento de Jesus[2], reunido por Paiva Netto, consoante o Santo Evangelho do Cristo de Deus, segundo João, 13:34 e 35; e 15:7, 8, 10 a 17 e 9.)

---

1 **Religião de Deus, do Cristo e do Espírito Santo** — Nesta e em outras obras literárias da Quarta Revelação, o leitor vai se deparar com as denominações Legião da Boa Vontade (LBV) e Religião de Deus, do Cristo e do Espírito Santo, criadas pelo saudoso Alziro Zarur (1914-1979), que se irmanam na lide *"por um Brasil melhor e por uma humanidade mais feliz"*. Desde os seus primórdios, no fim da década de 1940, são elas duas instituições irrestritamente ecumênicas, unidas para atender, de forma integral, às carências fundamentais do

ser humano e do seu Espírito Eterno, transformando-o sem paternalismos, a fim de que ele possa assumir na sociedade o seu papel de protagonista na solução dos problemas existentes. Agem assim para que a criatura humana se realize por meio dos poderosos ensinamentos do Espírito (Religião de Deus, do Cristo e do Espírito Santo) e da dinâmica ação de reforma humana e social (Legião da Boa Vontade), decorrência natural de nossa integração nos Preceitos Divinos. Disse Jesus: *"Buscai primeiramente o Reino de Deus e Sua Justiça, e todas as coisas materiais vos serão acrescentadas"* (Evangelho, segundo Mateus, 6:33). Da convergência dessas ações — a espiritual e a humano-social — nasce a Política de Deus, para o Espírito Eterno do ser humano. A Religião de Deus, do Cristo e do Espírito Santo também é conhecida como Religião do Terceiro Milênio, Religião do Amor Universal e Religião Divina.

[2] **Tratado do Novo Mandamento de Jesus** — Pela força espiritual contida nessas palavras do Cristo de Deus, Paiva Netto fez constar a leitura desse Tratado na abertura de todos os programas da Super Rede Boa Vontade de Comunicação (rádio, TV e internet) e nas publicações, assim como nas reuniões públicas da Religião do Terceiro Milênio, atendendo também a um pedido dos Irmãos Espirituais na Revolução Mundial dos Espíritos de Luz, na Quarta Revelação, representados pelo Irmão Dr. Bezerra de Menezes (Espírito).

O MISTÉRIO DE DEUS REVELADO

O Mistério de Deus por Jesus Cristo
Revelado é o Amor[3].

Paiva Netto

---

[3] Esse pensamento de Paiva Netto é o último verso de sua música intitulada *O Novo Mandamento de Jesus*, movimento final do Oratório "O Mistério de Deus Revelado", cuja gravação foi feita, em 1999, pelo National Philharmonic Choir "Svetoslav Obretenov" e pela Sofia Symphony Orchestra, da Bulgária, sob a regência do maestro Ricardo Averbach. Disponível no aplicativo Boa Vontade Play e em plataformas de streaming como Spotify, Apple Music, Deezer e YouTube, o Oratório superou a marca de 550 mil cópias vendidas do álbum físico, conquistando Disco de Platina Duplo. Em 5 de abril de 2000, teve a sua primeira audição mundial em inglês quando o Coral Ecumênico Boa Vontade se apresentou na sede da Organização das Nações Unidas (ONU) em Nova York, EUA.

PERMANENTE PRESENÇA DE JESUS

Tudo fica para trás. Jesus, o Cristo Ecumênico e Divino Estadista, permanece! Ele disse: *"Passará o Céu, passará a Terra, mas as minhas palavras não passarão"* (Evangelho, segundo Lucas, 21:33).

Paiva Netto

O PARECER DE GAMALIEL

"Se esta obra é de homens, não triunfará. Mas, se é de Deus, não a combatais, pois estareis combatendo o próprio Deus."

(Atos dos Apóstolos de Jesus, 5:38 e 39)

PERANTE O SINÉDRIO

"Respondendo Pedro e João aos sinedritas, disseram: Não podemos deixar de falar daquilo que vimos e ouvimos. Importa antes agradar a Deus que aos homens."

(Atos dos Apóstolos de Jesus, 4:19 e 20; e 5:29)

MMVII

RELIGIO DEI

ACADEMIA IESVS CHRISTVS OECVMENICVS

IESVS LVX MVNDI

PREFÁCIO DA ACADEMIA JESUS, O CRISTO ECUMÊNICO, O DIVINO ESTADISTA

Desde os primórdios da humanidade, o pensamento iluminado tem sido a bússola que orienta corações e mentes na busca pela Verdade Eterna. É nessa trilha de Sabedoria Espiritual que se insere a elevada produção de conhecimento do escritor, jornalista, radialista e pensador Paiva Netto, cuja trajetória nas Instituições da Boa Vontade[4] se entrelaça com

---

4 **Instituições da Boa Vontade (IBVs)** — Formadas pela Legião da Boa Vontade (LBV); pela Religião de Deus, do Cristo e do Espírito Santo; pela Fundação José de Paiva Netto; e pela Associação Educacional Boa Vontade.

um propósito maior: disseminar o Amor de Deus e Suas Leis Imutáveis de Justiça, para que o ser humano fortaleça sua Fé Realizante e encontre sentido em sua própria jornada.

Este segundo tomo da coleção **Paiva Netto — Reflexões e Pensamentos**, organizado pela Academia Jesus, o Cristo Ecumênico, o Divino Estadista, da Religião de Deus, do Cristo e do Espírito Santo, reúne extratos da vasta produção intelectual-espiritual que o consagrado autor compartilhou, em diversos idiomas, ao longo de décadas, por meio do rádio, da TV, da internet e de publicações variadas, em especial, seus livros, que já alcançaram quase 10 milhões de exemplares vendidos. São ensinamentos que transcendem o tempo e convidam cada leitor à introspecção, à humildade corajosa e à capacidade de superação diante das adversidades diárias.

Fundada por Paiva Netto em 1º de fevereiro de 2007, a Academia Jesus, o Cristo Ecumênico, o Divino Estadista, é composta pelo Instituto de Estudo, Pesquisa e Vivência do Novo Mandamento de Jesus e pelo Instituto de Estudo e Pesquisa da Ciência da Alma. *"Por meio da produção de conhecimento universal, isto é, divino e terreno, tem por objetivo dessectarizar a maneira como alguns veem o Cristo de Deus e o Cristianismo, ou seja, mostrar a influência e a aplicabilidade das lições ecumênicas e eternas do Acadêmico Celeste em todos os campos do saber espiritual-humano, apresentando-O de forma irrefragável à humanidade — o que não se limita às fronteiras físicas"*, de acordo com a definição de seu Fundador.

A cada página, o leitor é conduzido ao entendimento profundo dos Princípios Celestes que sustentam o Amor, a Justiça, a Solidariedade, a Fraternidade, a Generosidade. Paiva Netto, com seu olhar aguçado e sensível sobre a Vida, o sofrimento, a Espiritualidade elevada e seus benefícios, reflete sobre temas fundamentais para o despertar da consciência, abordando o valor da confiança no Divino Mestre Jesus e da prática constante do Bem, que nos direcionam à Paz Universal.

Ao folhear este livro, permita-se mergulhar em cada ensinamento com o coração aberto. Antes de iniciar a leitura, feche os olhos por um instante, eleve seu pensamento ao Alto e sinta a influência luminosa da Paz e da Sabedoria de Deus guiando seus passos. Que estas lições sejam um farol de Esperança, inspirando você a seguir adiante com convicção, coragem e, acima de tudo, Amor!

Boa leitura!

O CAMINHO DA LBV E DA RELIGIÃO DIVINA É A PAZ!

Há muito tenho afirmado que o caminho da LBV — e, naturalmente, da Religião Divina — é a Paz. Chega de guerras! A brutalidade não passa de um resquício primitivo, indigno do ser humano que se autoproclama evoluído. Essa Paz tão ansiada, autêntica e imprescindível é o bálsamo que nos permitirá persistir na existência como Irmãos e Irmãs, habitantes desta morada singular e preciosa chamada Terra.

Paiva Netto

PAIVA NETTO

REFLEXÕES E PENSAMENTOS

1. DEUS É ...

Minha força,
Minha segurança,
Minha inteligência,
Meu viver,
Meu coração,
Minha mente,
Meu passado,
Meu presente,
Minha eternidade.

2. JESUS AMA A HUMANIDADE INTEIRA

Dessectarizar Jesus significa ampliar o entendimento do Seu Poder e da Sua Ação Esclarecedora e Pacificadora nos corações humanos. No conceito fraterno e solidário da Religião de Deus, do Cristo e do Espírito Santo, proclamada por Alziro Zarur (1914-1979), o Cristianismo do Cristo universalmente ama a humanidade inteira.

3. NOSSO LEMA!

Nosso lema, acima de tudo, em nossa vida, é Jesus!

4. SER CRISTÃO

Ser cristão não
é carregar um
rótulo, muitas vezes
hereditário, todavia
um estado natural
de civilidade, uma
forma quintessenciada
de bem-viver, sem
prejudicar a ninguém.

5. O CRISTO É FORTE MENSAGEM DE ESPERANÇA

Numa época de tamanha desilusão para tantos, Jesus é forte mensagem de Esperança. Com Ele, trilharemos cada vez mais o rumo da felicidade eterna e da glória de Deus.

6. DIFERENÇA ENTRE INSTRUÇÃO, EDUCAÇÃO E REEDUCAÇÃO ESPIRITUAL

a) Instrução — eu leio.

b) Educação — eu amo.

c) Espiritualização — eu Te encontrei, ó Deus!

7. CONSTRUINDO AMIZADES VERDADEIRAS

Amizade não se faz com falsos agrados, mas na luta diária pelo Bem, com Amor e lealdade.

8. GUARDIÃES DA ORDEM CIVILIZADA

O pragmático Evangelho de Jesus, o Educador Celeste, é uma Academia do Pensamento Divino que forma, em primeiro lugar, guardiães da ordem civilizada.

9. UNIÃO FAMILIAR

A felicidade segura de
uma família depende
do bem-estar de todas.
O Amor, ou a Dor,
ensinará essa verdade
à consciência das
multidões, no transcurso
das épocas.

10. O MAIOR ECONOMISTA

Todo sistema econômico-financeiro que queira propiciar fartura à humanidade tem de partir do mais capacitado dos economistas do mundo, Jesus, que afirmou: *"Sem mim, nada podereis fazer"* (Evangelho, segundo João, 15:5). Mas com que autoridade?! O Celeste Provedor multiplicou pães e peixes em pleno deserto.

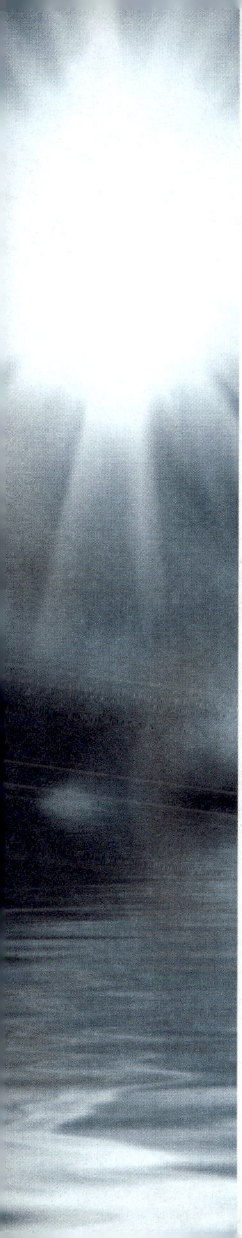

11. ACENDAMOS UMA LUZ

O Amor revela a Luz e a Luz espanta a treva. Que mais quereremos nós?

12. VITÓRIA DO AMOR FRATERNO

Qualquer vitória que não seja a do Amor Fraterno não nos interessa.

13. RIMA PERFEITA

Amor faz rima
perfeita com mãe.
Mãe é eterna também.

14. ATO DE DIPLOMACIA

Caridade é também um ato de diplomacia!

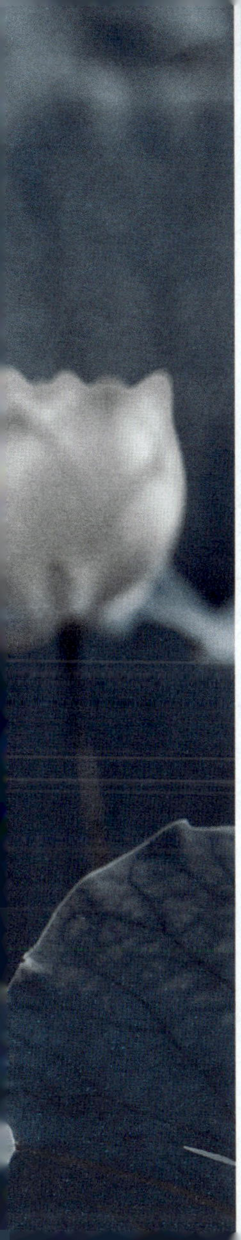

15. ALMA DA HUMANIDADE

A Mulher, bafejada pelo Sopro Divino, é a Alma da humanidade, é a boa raiz, a base das civilizações.

16. FIDELIDADE AO BEM

A fidelidade ao Bem é uma das maiores virtudes da Alma humana.

17. CELEBRAÇÃO DO AMOR

Feliz o casal que
sabe ver-se com os
olhos do coração.
Para ele o tempo nunca
passa. A beleza e o
Amor são eternos.

18. DESVENDANDO ENIGMAS

O coração, fartas vezes, desvenda enigmas aos quais a razão custa a chegar com facilidade.

19. JUSTIÇA E AMOR

Enquanto o Amor não for Lei universalmente reconhecida e praticada no mundo, a Justiça Divina cumprirá sua missão de severo reajuste das faltas espirituais c humanas.

20. CONVIVER COM JESUS!

A convivência com Jesus é a nossa alegria constante!

21. A PAZ NO LAR

No lar onde impera
o Amor, a razão é
justamente a alegria,
o júbilo, a Paz.
Transformemos
o mundo a partir
de nossas famílias
integradas no Amor
de Deus!

22. ESPERANÇA QUE REPOUSA EM DEUS

A Caridade é a Força Divina que nos mantém de pé. É a Esperança que repousa em Deus.

23. PÃO VIVO

Jesus é o Alimento para o Espírito e a Excelsa Sapiência para a Alma, que se descerra aos que Nele verdadeiramente se integram.

24. LEI UNIVERSAL DO AMOR

A maior Caridade é dar a conhecer aos povos a Verdade Divina, que se expressa por meio da Lei Universal do Amor do Cristo. Não foi sem motivo que Alziro Zarur (1914-1979) revelou: *"O Novo Mandamento de Jesus —* 'Amai-vos' *— é a chave secreta de toda a Bíblia Sagrada"*.

25. JESUS ACIMA DE TUDO

Jesus, o Amigo Celeste, sempre inspirado por Deus, paira acima de todas as diferenças, sejam elas religiosas ou não. Nada O impediu de praticar a Caridade.

26. O REI E A CRUZ

Quando entronizaram o Cristo na Cruz, Ele se tornou flagrantemente Rei. Já O era e assim então se constituiu, à vista de todos, acima dos olhos ainda embaçados da humanidade. Pelo modelo de resistência à Dor moral e espiritual, de que foi e é paradigma, Jesus alçou-se como exemplo que todos devemos seguir.

27. QUEDA DAS FRONTEIRAS CÉU-TERRA

Com o trabalho da Revolução Mundial dos Espíritos de Luz — na Quarta Revelação, a Religião Divina —, a morte deixa de ser a fronteira que limita a ação conjunta daqueles que vivem na Terra ou no Céu, cujo destino glorioso é servir ao Divino Ressuscitado, Jesus, o Cristo de Deus.

28. ESBOÇO DA CRIAÇÃO DE DEUS

O fundamento do Universo não é a matéria, mas o Espírito. O Universo visível, que a todos deslumbra, é como se fora apenas um esboço da verdadeira Obra de Deus.

29. VERDADE E INTUIÇÃO

A Verdade de Deus
é conforto para os
que, pela intuição, a
pressentem e conquista
para aqueles que, sem
preconceitos, a buscam.

30. SUBLIMAR O CARÁTER

Educar é transformar. Reeducar — sob os auspícios da Paz, do Amor e da Justiça, bafejada pela Bondade — é sublimar o caráter.

31. NECESSÁRIO EQUILÍBRIO

Educar o ser humano é colocá-lo numa posição de equilíbrio.

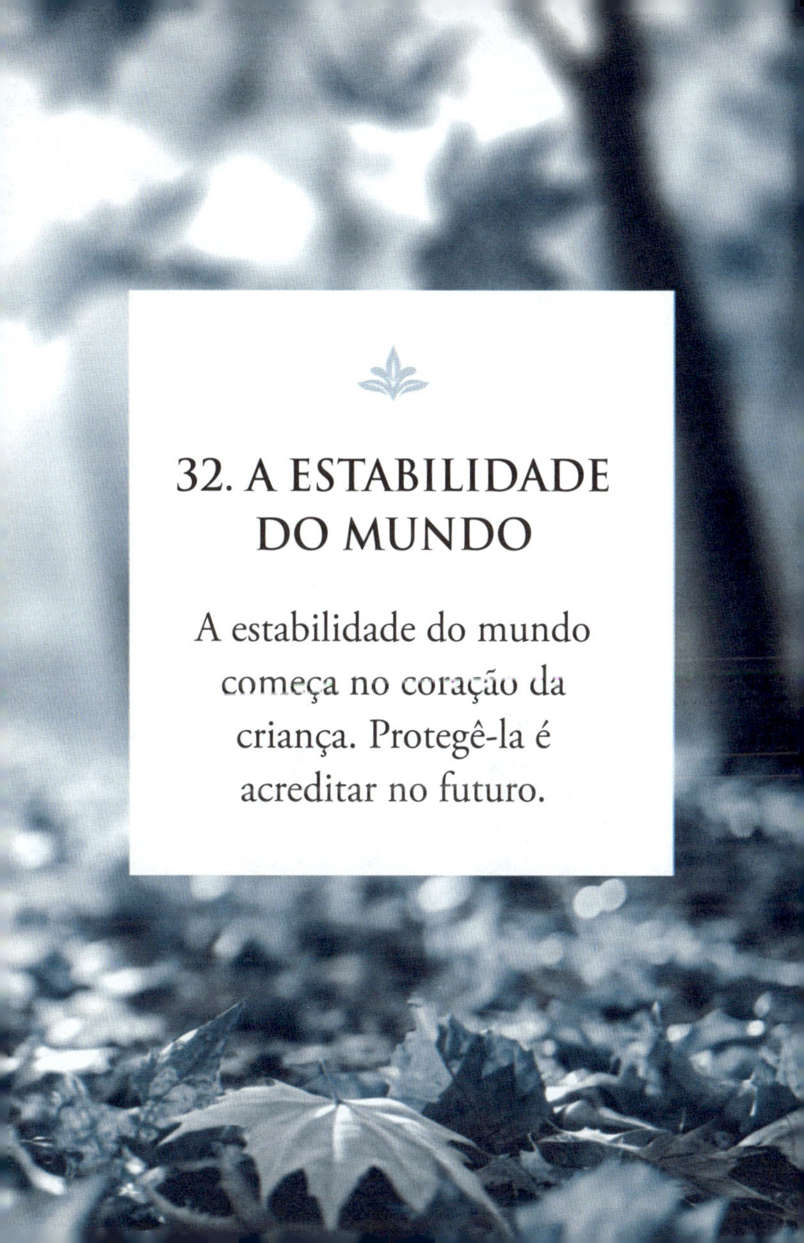

32. A ESTABILIDADE DO MUNDO

A estabilidade do mundo começa no coração da criança. Protegê-la é acreditar no futuro.

33. UMA LIDERANÇA NOVA

A tenra idade é argila esperando ser moldada pelo cinzel do comprometimento com as futuras gerações, talhando o caráter e a personalidade de uma liderança nova, firmada nos preceitos universalistas do Cristo Ecumênico. Sim, do Divino Estadista!

34. FAZER PRECE É...

Fazer prece não é apenas elevar o pensamento ao Alto com sagrados gestos de contritamente fechar os olhos, juntar as mãos, ajoelhar-se, entoar belos louvores ou isolar-se em local ermo. Isso tudo é, sim, orar e em grande estilo. Porém, fazer prece é, sobretudo, viver segundo os ensinamentos de Deus, em todos os tempos de nossa vida!

35. CIÊNCIA — CRIAÇÃO DE DEUS

A Ciência é uma Bendita Criação de Deus.

36. TRABALHO QUE FICARÁ PARA SEMPRE

Façamos tudo com Amor e Verdade, e o trabalho ficará para todo o sempre. Jamais será desprezado, pois terá sido realmente proveitoso à humanidade. É uma questão natural de justiça.

37. OURO ESPIRITUAL VIVO!

Quando uma ideia é boa e seu tempo tenha chegado, transforma o mundo! E a Mensagem do Cristo Ecumênico, o Sublime Estadista, na excelência do Seu Novo Mandamento — *"Amai-vos como Eu vos amei"* — é extraordinária! É ouro espiritual vivo! Entusiasmará o planeta!

38. JESUS É DEUS EM NÓS!

O segredo da segurança
espiritual e pessoal
no Fim dos Tempos é
precisamente estarmos
integrados na Lei Divina,
expressa na Terra por
Cristo Jesus, que é Deus
em nós.

39. CARIDADE CELESTE

Ser ecumênico é saber amar seu semelhante com o Amor que Jesus legou àqueles que se revestiram de Sua Divina Doutrina, caminho de simplicidade encantadora, uma das faces mais refulgentes da Caridade Celeste.

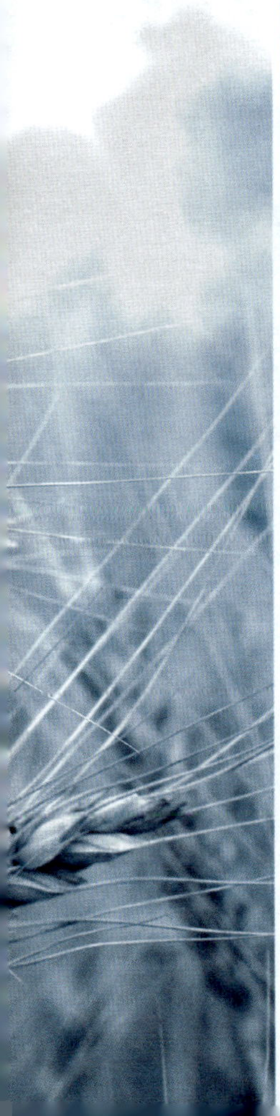

40. LIGAÇÃO COM OS ESPÍRITOS FELIZES

Como estamos em permanente contato com os Espíritos do Bem, nossos Anjos da Guarda, e eles têm bom coração, tudo fica feliz à nossa volta.

41. EQUAÇÃO FRATERNA

Quando o Espírito vibra com humildade, estabelece o melhor instante de expressar o pensamento. É essencial que o cérebro seja hidratado pelo coração e que este lhe traga juízo e Fraternidade Ecumênica.

42. ESPIRITUALIZAR OS POVOS

O mundo padece violência, porque se esqueceu do Amor Fraterno como Lei e se perdeu então na injustiça. Por isso, devemos instruir, educar, mas, acima de tudo, espiritualizar as multidões.

43. AUXÍLIO DO ALTÍSSIMO

Grande e poderoso
é o Auxílio de Deus,
sobretudo na hora
da dificuldade. O Pai
Celestial é o nosso
seguro teto, mesmo ao
relento do mundo.

44. VOCAÇÃO LUMINOSA

Servir ao Criador, por intermédio do Amor Fraterno às Suas criaturas, é a vocação mais luminosa que um Espírito pode ansiar nesta vida.

45. FALAR AO ESPÍRITO

O Rebanho Ecumênico de Jesus (João, 10:16) empolga principalmente aquilo que nasce da consciência das criaturas esclarecidas. Não é apenas ao corpo que o Cristo quer dirigir-se, mas ao Espírito, à Alma, que comanda nossa parte perecível.

46. VIDA EM HARMONIA

Tudo se conjuga harmoniosamente na nossa vida, se nos mantivermos integrados nas Leis Divinas, apesar das batalhas que todos somos levados a enfrentar.

47. ALICERCE DA VERDADEIRA PAZ

Globalização sem espírito humanitário é prenúncio de novos conflitos, que a cegueira da ambição não deixa ver. O Amor Fraterno é o alicerce da verdadeira Paz.

48. A MEDICINA PREVENTIVA

Jesus é a medicina preventiva de que as nações necessitam. Daí O considerarmos a Religião da Vida, neste e no Outro Lado da existência. Afinal de contas, Ele superou a Dor, tão presente no mundo.

49. SUPLANTAR ADVERSIDADES

Do infortúnio, do qual tantos retiram derrota, Jesus, sob a inspiração de Deus, construiu a Sua Autoridade e estabeleceu o Seu Extraordinário Poder.

50. RENASCIMENTO DIÁRIO

Jesus nasce e renasce todos os dias nos corações de Boa Vontade. E igualmente volta, por antecipação, nas ações das criaturas que cultivam o Seu Ideal no Bem.

51. ESTRUTURA DE UM MUNDO NOVO

O Espiritualmente Revolucionário Novo Mandamento de Jesus, o Cristo Ecumênico, o Sublime Estadista — *"Amai-vos como Eu vos amei"* (João, 13:34) —, é a estrutura de um mundo novo.

52. MINHA ALMA ESTÁ...

A minha Alma está naquilo que expresso em minhas palavras. Compreendi essa verdade quando alcancei a importância deste ensinamento de Jesus: *"Fala a boca daquilo que está cheio o coração"* (Lucas, 6:45).

53. DIVINO PRIVILÉGIO DE EXISTIR

Os problemas têm solução quando os seres humanos realmente se dispõem a resolvê-los. É uma questão de respeito ao divino privilégio de existir.

54. LUZ NO FIM DO TÚNEL

Por mais difícil que seja o percurso terrestre, sempre haverá luz ao término do túnel que nós, muitas vezes, nos fizemos obrigados a atravessar.

55. PACIFICAÇÃO DOS POVOS

O caminho seguro
para a pacificação
dos povos reside em
iluminar o coração dos
seres humanos com
o Santo e Redentor
Evangelho-Apocalipse
da Paz!

56. RESOLUÇÕES DECIDIDAS

Solidariedade,
Altruísmo, Fraternidade,
Generosidade deverão
nascer — antes das
resoluções decididas
nas mesas em que se
trata do destino das
multidões terrestres —
na Alma daqueles que
governam o mundo.

57. FORTALECER-SE EM JESUS

A Dor nos fortalece e nos instrui a vencer todos os obstáculos, por piores que sejam. Foi uma das maiores lições que Jesus nos legou.

58. ENFRENTAR OS PROBLEMAS

Aquele que foge dos seus problemas, com cfcito, continuará prisioneiro deles. O essencial é trilhar, com acerto, o caminho do Bem.

59. ACALANTO DIVINO

Nos braços de Deus, Mãe-Pai Universal, é que a Alma pode encontrar o verdadeiro repouso.

60. DINAMISMO DA ETERNIDADE

A existência é eterna e contínua. As escolhas de hoje moldam os nossos destinos e os das gerações no amanhã.

61. BOA GUARDA DE NÓS MESMOS

A segurança material e, sobretudo, espiritual de nossas famílias significa a boa guarda de nós mesmos.

62. PLENITUDE DA VIDA

A plenitude da Vida
encontra-se justamente
na sua condição de
Eternidade.

63. LEIS DIVINAS E INFORTÚNIO

O infortúnio,
inventamo-lo nós quando
nos afastamos das Leis
Divinas de Amor e
de Justiça.

64. LIBERTANDO-SE DO EGOÍSMO

Um gigantesco passo para a realização pessoal é libertarmo-nos do egoísmo exacerbado, que não nos deixa reconhecer no contentamento alheio forte impulso para a sustentação de nossa Alma.

65. JESUS É O SOL QUE NÃO SE APAGA

Jesus, o Cristo Ecumênico, o Divino Estadista — condição a que fez jus em virtude do extremo sacrifício a que se submeteu pelo esclarecimento de todos —, é o Sol que não se apaga nem cria sombras. É, por isso mesmo, muito mais inspirador que vivamos sob o Seu Excelso Luzeiro e a Sua indiscutível Autoridade.

66. TESOURO DE SENTIMENTOS

A fidelidade é um tesouro de sentimentos que enriquece a vida dos que se uniram por se amarem.

67. FIO INEXTINGUÍVEL

A vida é um fio inextinguível que não se parte. A morte não encerra nada. Ela dá continuidade à existência infinita. Sempre estaremos vivos e ativos.

68. A MORTE NÃO É O FIM

Não há maior ilusão do que pensarmos que a morte determina o fim da Vida.

69. PARA NÃO VIVER DESOLADO

Quem em Deus se integra não encontra motivos para viver desolado.

70. NOVAS EXPERIÊNCIAS DE VIDA

A morte é apenas a abertura de novas experiências de vida. Todavia, que ninguém considere o violento ato do suicídio e suas trágicas consequências uma escolha libertadora. Tudo, até a morte, tem sérias leis disciplinantes.

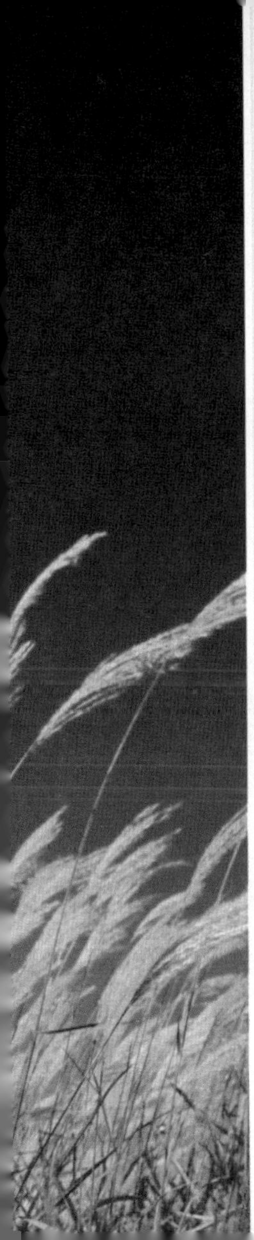

71. RIQUEZA DA ALMA

A riqueza da Alma é
o conhecimento que
promana de Deus, por
intermédio do Cristo e
do Espírito Santo!

72. SERVIR AO CRIADOR

Não há serviço mais sublime do que servir ao Criador, ecumenicamente espiritualizando, instruindo, amparando e oferecendo condições de educação e trabalho a Suas criaturas, o ser humano, isto é, o Capital de Deus.

73. CIÊNCIA DO DIÁLOGO

Para a segurança e o desenvolvimento humanamente sustentado de uma grande Organização, é decisivo que todos os seus componentes, de alto a baixo, aprendam uma grande ciência, a ciência do diálogo.

74. JUSTIÇA SOCIAL

O Amor Divino é a maior força política, sob o apelido de Justiça Social, quando iluminada pelo Saber advindo do Espírito.

75. MISSÃO DA POLÍTICA DE DEUS

A Política de Deus consagra no homem público tudo o que há de mais divinamente humano no humanamente divino: a Política à honra, a Ciência à piedade, a Economia à Caridade, a Filosofia humana à Sabedoria Espiritual.

76. VIVER É MELHOR!

Respeitar a Vida, em qualquer um de seus estágios, é a Lei Máxima que devemos cumprir. Diga não ao suicídio! Viver é melhor!

77. CURRÍCULO HUMANO MACULADO

Enquanto houver uma criatura cruelmente discriminada, o currículo humano estará maculado. Perseveremos, pois, no trabalho de consagrar, pelo Ecumenismo dos Corações, as etnias existentes no mundo.

78. DIVINO SENTIMENTO

O Cristianismo do Cristo é a parte sublime que se encontra em todas as crenças, sob o nome de Amor Fraterno. E esse Divino Sentimento é mais poderoso do que todos os armamentos do mundo.

79. LOUVEMOS A DEUS!

Louvemos sempre ao Criador. Jamais nos esqueçamos de que toda a magnitude pertence a Deus. Nossa é a honra de sermos chamados Seus filhos.

80. CHAVE DO BOM ENTENDIMENTO

A humildade corajosa
é a chave do bom
entendimento.

81. ALIMENTO SUBLIME

A Divina Inspiração de Jesus, o Provedor Celeste, é o alimento diário para nossa vida!

82. O AMOR VIVO ENTRE NÓS

Do Evangelho só vem Amor. Deus é Amor e Jesus é o Amor vivo entre nós!

83. ECUMENISMO DA FRATERNIDADE

Jesus é o Ecumenismo da Fraternidade em marcha!

84. O AMOR TRIUNFA SEMPRE

"Deus é Amor", como ensinou Jesus, e esse Amor é a maior força que existe. Em meio a guerras, crises, fome e pestes, é ele que impede a total destruição da humanidade. Sempre triunfante, manifesta-se das formas mais extraordinárias, garantindo ao ser humano a sobrevivência e a Esperança.

85. MARCHA DA ESPIRITUALIDADE ECUMÊNICA

Grande é a nação e sábio o governante que congraçam os valores de seus componentes de todas as etnias, crenças, convicções políticas... São os construtores do verdadeiro progresso. Compreendem que a marcha da Espiritualidade Ecumênica no mundo é simplesmente impostergável.

86. UNIDADE NO BEM

Na luta por um mundo melhor, é preciso, antes de tudo, procurar a parte de Deus, que toda gente possui. Em vez de andar atrás de coisas que eventualmente os separem, é dever de todos trabalhar por aquilo que eternamente os une: o Bem.

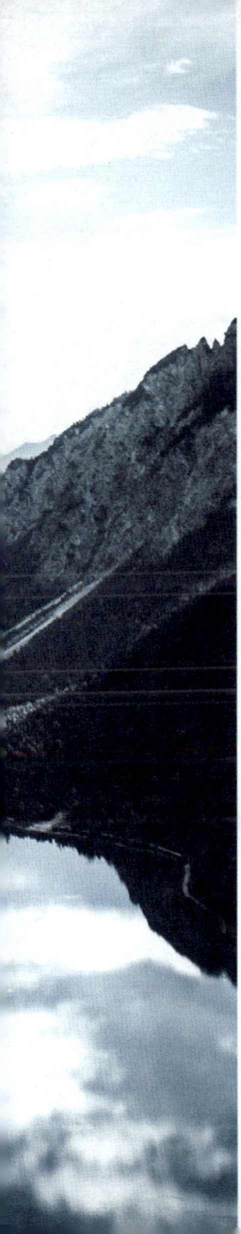

87. A PUJANÇA E A FORÇA DO CRISTO

Aquele que ama o seu semelhante com o Amor do Cristo tem a pujança e a força interior de Sua Eternidade.

88. A SABEDORIA DAS ESTRELAS

Jesus é uma Escola Viva de Libertação para os habitantes da Terra e do Céu da Terra. Com o pensamento firmado Nele, a Sabedoria das Estrelas fartamente descerá sobre todos nós.

89. A MORTE NÃO EXTINGUE A VIDA

É necessário,
cada vez mais,
conscientizarmo-nos
de que a morte não
extingue a Vida e de
que a nossa conduta
impacta a saúde
espiritual, política e
social dos povos.

90. FORTALEZA EM CRISTO JESUS!

Jamais esqueçamos a Primeira Caridade (Apocalipse, 2:4), aquela que nos fez, por tudo e por todos, fortes no Cristo! A minha imensa felicidade nesta vida é a de honrar Nosso Senhor Jesus Cristo!

91. LAVOURA DA PAZ

A Boa Vontade é a semente indispensável no cultivo do Amor, da Sabedoria e da Verdade. A partir dela se pode colher, na lavoura da vida, o espírito da Paz.

92. INVENCÍVEIS NAS BOAS AÇÕES

Temos que ser fortes
no pensamento e na Fé,
para sermos invencíveis
nas Boas Ações.

93. JESUS É A CLARIDADE DIVINA

Jesus é a Claridade Divina que nos livra das escuridões das trevas espirituais.

94. LUTAR PELA VIDA

Assim como a Vida, a Esperança não morre nunca! Lutar pela Vida e perseverar no Bem são escolhas acertadas.

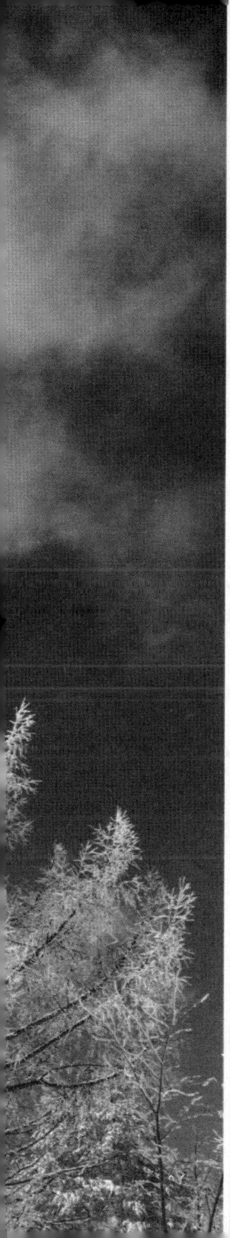

95. EVOLUIR NA PAZ

Não somos feras,
mas seres espirituais e
humanos a caminho da
Luz. Devemos, portanto,
aprender a evoluir na
Paz.

96. ESPÍRITO VIVO DA CARIDADE

O Pai Celestial é o Espírito Vivo da Caridade, que alimenta e nutre a nossa existência.

97. TALENTOS DE DEUS PARA NÓS!

Saber usar, com discernimento espiritual, os recursos ou talentos que Deus nos concede é possuir dentro de si os maiores tesouros da Alma. Estes, sim, carregamos conosco pela Eternidade.

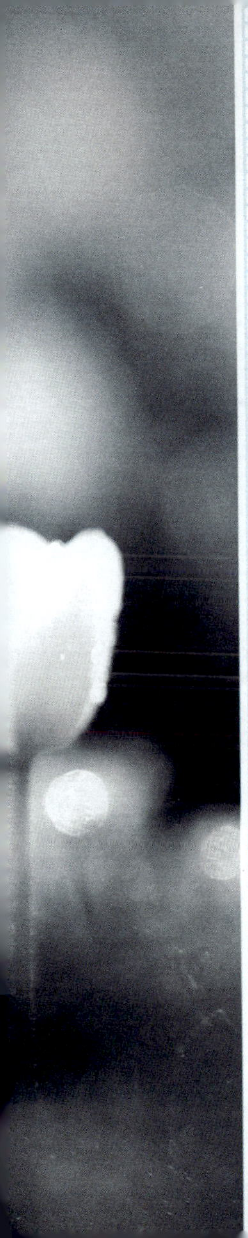

98. JOIAS PERENES

A verdadeira prosperidade reside em conservar nosso Espírito abastecido pelas joias morais, espirituais e éticas da Sabedoria Divina.

99. BOA VONTADE E TRANSFORMAÇÃO

Quem tem Boa Vontade transforma o difícil no possível e, por tanto amar, alcança até o que parece ser impossível.

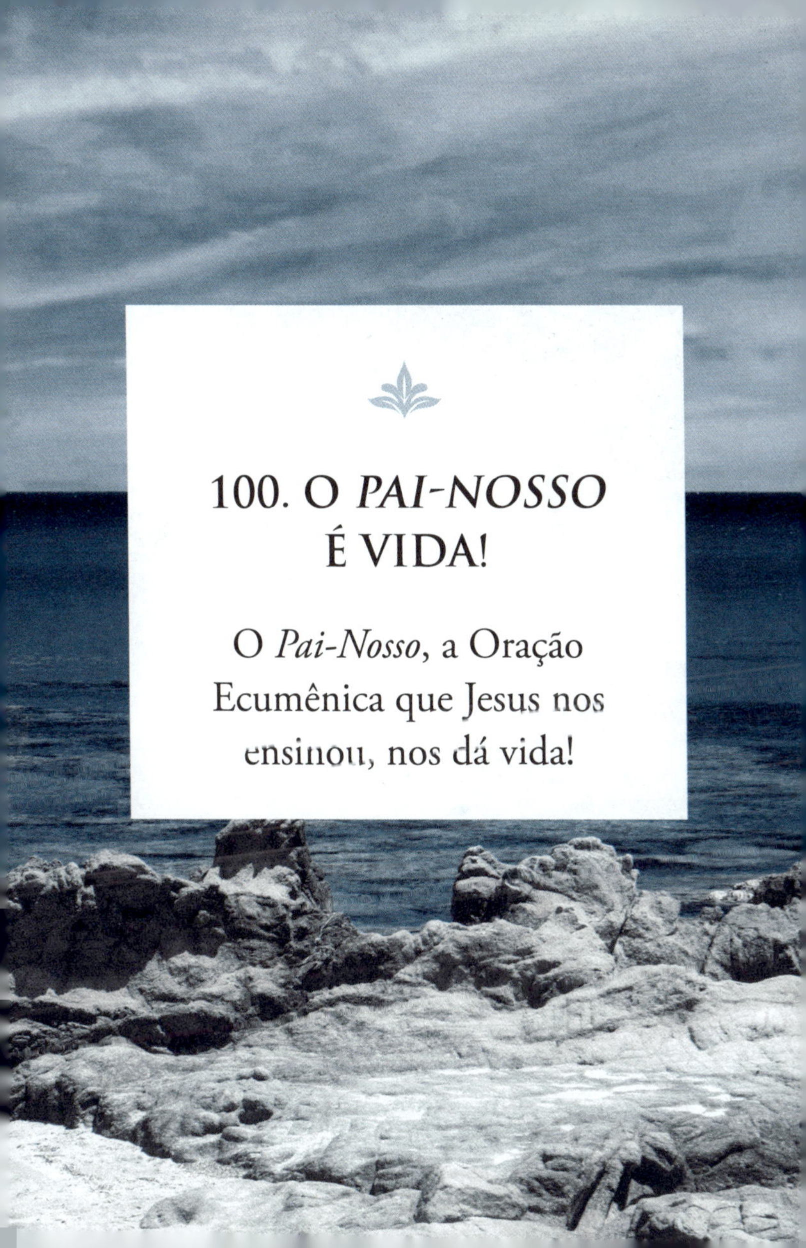

100. O *PAI-NOSSO* É VIDA!

O *Pai-Nosso*, a Oração Ecumênica que Jesus nos ensinou, nos dá vida!

101. INSPIREM-SE EM JESUS!

Jamais desprezemos os benéficos recursos da prece. A oração sincera de quem deseja curar-se, ou daquele que quer ajudar a quem precisa, pode produzir verdadeiros milagres. Inspirem-se em Jesus!

SÚPLICA A JESUS

***Academia Jesus, o Cristo Ecumênico, o Divino Estadista** — Queridíssimas leitoras, prezadíssimos leitores, quanto enlevo nossa Alma experimenta ao ler e refletir sobre as eternas lições que a literatura da Boa Vontade nos propicia. Concluiremos essa crestomatia com ensinamentos do escritor Paiva Netto, por meio de uma comovente oração feita por ele em 20 de maio de 2025 (terça-feira), captada a partir de um espontâneo colóquio do Presidente-Pregador da Religião Divina com Jesus. Como o próprio autor afirmou:* "Essa prece é dirigida diretamente ao Coração de Jesus, o Provedor Celeste":

MINUTOS DE PAZ

Jesus, cuja Misericórdia nos alimenta, Seu Amor é Medicina Espiritual!

Jesus, Aquele que socorre os que padecem do corpo e do Espírito, receba a súplica do Legionário da Boa Vontade de Deus, espalhado pelo Brasil e pelo mundo, cumprindo a Sua

Ordem: *"Ide e pregai, anunciando que é chegado o Reino de Deus!"*

Amém!

TEMPLO DA BOA VONTADE

Sede Espiritual da Religião de Deus, do Cristo e do Espírito Santo

Aclamado pelo povo uma das Sete Maravilhas de Brasília/DF, Brasil, o Templo da Boa Vontade (TBV), símbolo maior do Ecumenismo Divino, a Pirâmide das Almas Benditas, a Pirâmide dos Es-

píritos Luminosos, é o monumento mais visitado de Brasília, segundo dados oficiais da Secretaria de Turismo do Distrito Federal (Setur-DF). Desde que foi fundado por Paiva Netto, em 21 de outubro de 1989, recebe anualmente mais de um milhão de peregrinos. **Na foto**, da esquerda para a direita, o Parlamento Mundial da Fraternidade Ecumênica (o ParlaMundi da LBV), a sede administrativa e o TBV, localizados na Quadra 915 Sul. Outras informações: (61) 3114-1070 / www.TBV.com.br.

BIOGRAFIA DO FUNDADOR DA ACADEMIA JESUS, O CRISTO ECUMÊNICO, O DIVINO ESTADISTA

José de Paiva Netto, escritor, jornalista, radialista, compositor e poeta, nasceu em 2 de março de 1941, no Rio de Janeiro/RJ, Brasil. É Presidente da Legião da Boa Vontade (LBV) e Presidente-Pregador da Religião de Deus, do Cristo e do Espírito Santo. Membro efetivo da Associação Brasileira de Imprensa (ABI) e da Associação Brasileira de Imprensa Internacional (ABI-Inter), é filiado à Federação Nacional dos Jornalistas (Fenaj), à International Federation of Journalists (IFJ), ao Sindicato dos Jornalistas Profissionais do Estado do Rio de

Janeiro, ao Sindicato dos Escritores do Rio de Janeiro, ao Sindicato dos Radialistas do Rio de Janeiro e à União Brasileira de Compositores (UBC). Integra também a Academia de Letras do Brasil Central. É autor de referência internacional na defesa dos direitos humanos e na conceituação da causa da Cidadania e da Espiritualidade Ecumênicas, que, segundo ele, constituem *"o berço dos mais generosos valores que nascem da Alma, a morada das emoções e do raciocínio iluminado pela intuição, a ambiência que abrange tudo o que transcende ao campo comum da matéria e provém da sensibilidade humana sublimada, a exemplo da Verdade, da Justiça, da Misericórdia, da Ética, da Honestidade, da Generosidade, do Amor Fraterno. Em suma, a constante matemática que harmoniza a equação da existência espiritual, moral, mental e humana. Ora, sem esse saber de que existimos em dois planos, portanto não unicamente no físico, fica difícil alcançarmos a Sociedade realmente*

Solidária Altruística Ecumênica, porque continuaremos a ignorar que o conhecimento da Espiritualidade Superior eleva o caráter das criaturas e, por conseguinte, o direciona à construção da Cidadania Planetária".

Entre as inúmeras homenagens recebidas, foi agraciado com a Medalha do 1º Centenário da Academia Brasileira de Letras (ABL); nomeado Comendador da Ordem do Rio Branco, pelo Ministério das Relações Exteriores; e condecorado com o Grau de Comendador, pelo Conselho da Ordem do Mérito Aeronáutico, e com a Medalha do Pacificador, pelo Ministério do Exército Brasileiro.

Filho primogênito de Idalina Cecília de Paiva (1913-1994) e Bruno Simões de Paiva (1911-2000) — que tiveram como padrinho de casamento Dorival Caymmi (1914-2008) — e irmão de Lícia Margarida de Paiva (1942-2010). Teve a infância e a juventude marcadas por uma preocupação incomum com temas espirituais, filosóficos, educativos, sociais, políticos, científicos e econômicos, além de um profundo senso de auxílio aos necessitados.

Estudou no tradicional Colégio Pedro II, na capital fluminense, do qual recebeu o título de Aluno Eminente, sendo homenageado com placa de bronze na sede desse conceituado colégio-padrão. Em 1956, ainda adolescente, iniciou sua jornada vitoriosa ao lado do saudoso Fundador da Legião da Boa Vontade, o radialista, jornalista, escritor, poeta e filósofo brasileiro Alziro Zarur (1914-1979). Paiva Netto foi o principal Assessor dele durante quase um quarto de século. Para se dedicar totalmente à LBV, abandonou a vocação para a Medicina. Mais tarde, tornou-se Secretário-Geral (cargo equivalente ao de Vice-Presidente) da Instituição e, com o falecimento de Zarur, sucedeu-o.

Compositor e produtor musical, foi aluno do professor Homero Dornelas (1901-1990), assessor do notável Villa-Lobos (1887-1959).

Elaborou a *Marcha dos Soldadinhos de Deus*, interpretada pela primeira vez em 21 de abril de 1960, por meninos amparados pelo Instituto São Judas Tadeu, no Rio de Janeiro, onde colaborava como voluntário. A apresentação foi uma homenagem a Brasília/DF, Brasil, que o então Presidente da República Juscelino Kubitschek (1902-1976) inaugurava naquela data.

À frente da Legião da Boa Vontade desde 1979, multiplicou as ações desta nas áreas da educação e da promoção humana e social, por meio das unidades de atendimento da Instituição, as quais abrangem escolas-modelo de educação básica, abrigos para idosos e centros comunitários de assistência social. Tais espaços fazem parte de um projeto ainda maior, criado por Paiva Netto e a que ele se tem dedicado há bastante tempo: a Educação com Espiritualidade Ecumênica, consubstanciada em uma vanguardeira linha pedagógica, que propõe um modelo novo de aprendizado, o qual alia cérebro e coração. Essa proposta educacional, composta da Pedagogia do Afeto e da Pedagogia do Cidadão Ecumênico, é aplicada com sucesso na rede de ensino da LBV e nos serviços e programas socioeducacionais desenvolvidos pela Legião da Boa Vontade.

Os ideais da Boa Vontade não têm fronteiras e empolgam diversas regiões do mundo. Desde 1980, por exemplo, as iniciativas solidárias expandem-se para a LBV da Argentina, do Paraguai, do Uruguai, da Bolívia, de Portugal e dos Estados Unidos, sendo estas mantidas por meio de donativos de cada população local.

Em virtude da ampla abrangência de seus programas, serviços e ações e da excelência no trabalho realizado, a Legião da Boa Vontade (LBV) mantém relação consultiva com a Organização das Nações Unidas (ONU), desde 1994, por intermédio do Departamento de Comunicação Global (DCG) desse organismo internacional e, desde 1999, com o Conselho Econômico e Social (Ecosoc) das Nações Unidas, no qual a Instituição possui *status* consultivo geral, grau máximo de reconhecimento que uma Entidade pode alcançar junto a esse órgão.

A LBV vem empreendendo iniciativas para alinhar o seu trabalho socioeducacional e de comunicação social e educativa aos Objetivos de Desenvolvimento Sustentável (ODS) e suas respectivas metas estabelecidos pela ONU até 2030. Nossa atuação diária contribui para o cumprimento de importantes diretrizes globais, a exemplo da erradicação da pobreza, fome zero e agricultura sustentável, saúde e bem-estar, educação de qualidade, igualdade de gênero, água potável e saneamento, energia limpa e acessível, trabalho decente e crescimento econômico, redução das desigualdades. Para tanto, tem participado ativamente das principais conferências e reuniões da ONU, contribuindo com relevantes recomendações, por meio de documentos e publicações, editados em diversos idiomas, que são entregues a chefes de Estado, conselheiros ministeriais, agências internacionais e representantes da sociedade civil. Dentre esses materiais, destacam-se as revistas *Sociedade Solidária*, *Paz para o Milênio*, *Globalização do Amor Fraterno*, BOA VONTADE *Desenvolvimento Sustentável*, BOA VONTADE *Mulher* e BOA VONTADE *Educação*.

O Presidente da Legião da Boa Vontade recebeu, em 14 de novembro de 2016, correspondência oficial da equipe do, à época, novo secretário-geral da ONU, o dr. António Guterres, na qual expressa gratidão ao dirigente da LBV pela carta encaminhada ao diplomata português com cumprimentos em virtude da nomeação deste para ocupar o cargo máximo da ONU. Na missiva, assinada por Kyung-wha Kang, assessora especial em Política do gabinete do secretário-geral, consta:

"Prezado presidente, permita-me agradecer, em nome do secretário-geral designado, António Guterres, as vossas gentis palavras de congratulação. É com grande honra e com um sentido de responsabilidade que ele assumirá suas novas funções. A Legião da Boa Vontade é uma organização da sociedade civil que tem uma parceria de longa data com as Nações Unidas. Sua missão de incentivar a vivência de valores, a fim de criar uma sociedade mais justa e solidária, é mais do que nunca de grande relevância global. Suas iniciativas visam melhorar a situação de pessoas de baixa renda em diversas áreas, tais como educação e desenvolvimento sócio-económico, sendo uma grande contribuição para a consecução dos Objetivos de Desenvolvimento Sustentável e sua meta de erradicar a pobreza até o ano de 2030. Contamos com a Legião da Boa Vontade para trabalhar junto às Nações Unidas na busca de soluções para os desafios globais mais urgentes da atualidade".

Em 21 de outubro de 1989, Paiva Netto fundou, em Brasília/DF, Brasil, o Templo da Boa Vontade (TBV), com a presença de mais de 50 mil pessoas. Conhecido também como o Templo da Paz, é o polo do Ecumenismo Divino, que proclama o contato socioespiritual entre a criatura e o Criador. Aclamado pelo povo uma das Sete Maravilhas de Brasília, o TBV é o monumento mais visitado da capital federal, conforme dados oficiais da Secretaria de Turismo do Distrito Federal (Setur-DF). Desde que foi inaugurado, recebe anualmente mais de um milhão de peregrinos.

Paiva Netto criou, para propagar a Cidadania Espiritual (conceito preconizado por ele), a Super Rede Boa Vontade de Comunicação (rádio, TV, internet e publicações).

No campo editorial, ultrapassou a expressiva marca de quase 10 milhões de livros vendidos. Além disso, tem seus artigos publicados em jornais, revistas e portais de internet no

Brasil e no exterior. Já escreveu para importantes veículos, a exemplo do *Diário de Notícias*, *Jornal de Coimbra*, *Correio da Manhã*, *Jornal de Notícias*, *O Primeiro de Janeiro*, *Notícias de Gaia*, *Voz do Rio Tinto*, *Jornal da Maia*, *O Público*, *Campeão das Províncias*, *Audiência* e *O Despertar* (Portugal); *Time South*, *Jeune Afrique* e *African News* (África); *Daily Post* (circulação internacional); *Clarín* (Argentina); *Jornada* e *El País* (Bolívia); *El Diário Notícias* e *ABC Color* (Paraguai); *El País* (Uruguai); *International Business and Management* (China); e *Deutsche Zeitung* (Alemanha).

Sobre seu estilo literário, o escritor norte-americano Errol Lincoln Uys observou: *"Paiva Netto, sendo um homem prático, não deixa de ter alma de poeta"*. Segundo a definição do eminente professor, jurisconsulto e tratadista José Cretella Júnior (1920-2015), *"é um exímio estilista, sempre em dia com as novas"*. Valdir Andres, jornalista, advogado e fundador do periódico *A Tribuna Regional*, de Santo Ângelo/RS, Brasil, assim declarou: *"É uma honra imensa abrigar os conceitos, as opiniões, a pena brilhante do professor Paiva Netto em nosso jornal"*. Na opinião do mestre de professores Moacir Costa Lopes (1927-2010), *"é um escritor de muito talento"*.

Endereço para correspondência:
Rua Norma Pieruccini
Giannotti, 110 • Barra Funda
São Paulo/SP
CEP 01137-010
E-mail: PaivaNetto@uol.com.br

SIGA OS CANAIS DIGITAIS DA
RELIGIÃO DE DEUS, DO CRISTO
E DO ESPÍRITO SANTO

www.ReligiaodeDeus.org
YouTube.com: ReligiaodeDeusvideos
Facebook: ReligiaodeDeus
Instagram: ReligiaodeDeus
www.AcademiaJesus.com.br
www.ClubeCulturadePaz.com.br

COMUNICAÇÃO 100% JESUS

BOA VONTADE TV

YouTube.com/BoaVontadeTV

TV por assinatura: OI TV: Canal 212 • Claro TV Brasil: Canais 196 e 696

Antena parabólica digital Banda K.U.: Frequência 12.000 Mhz, Symbol Rate 29.900, polarização vertical na StarOne D2 •
Canal 27 na SKY banda K.U.

GERADORA EDUCATIVA DA FUNDAÇÃO JOSÉ DE PAIVA NETTO

Canal 11.1 - São José dos Campos/SP
Canal 45.1 - Cotia/SP (Grande São Paulo)
Para outras informações, acesse
www.BoaVontade.com/tv

SUPER REDE BOA VONTADE DE RÁDIO

Internet: www.BoaVontade.com/radio
OI TV: Canal 989 (Super RBV de Rádio)

Emissoras de rádio:

Rio de Janeiro/RJ: AM 940 kHz • **São Paulo/SP:** AM 1.260 kHz e FM 84,3 MHz • **Esteio, região de Porto Alegre/RS:** AM 1.300 kHz • **Brasília/DF:** FM 94,9 MHz • **Santo Antônio do Descoberto/GO:** FM 88,9 MHz • **Salvador/BA:** FM 98,7 MHz • **Manaus/AM:** AM 610 kHz • **Montes Claros/MG:** FM 105,5 MHz • **Sertãozinho, região de Ribeirão Preto/SP:** FM 107,1 MHz • **Uberlândia/MG:** FM 102,5 MHz

SITES

www.PaivaNetto.com
www.AcademiaJesus.com.br
www.LBV.org.br
www.BoaVontade.com
www.ReligiaodeDeus.org
www.JesusEstaChegando.com

APP BOA VONTADE PLAY

Baixe na loja de aplicativos do seu celular e acompanhe todo o conteúdo legionário, além da programação de TV e rádio ao vivo